Impressum
Verlag: BABADADA GmbH, Nedderfeld 112 , 22529 Hamburg
Geschäftsführer / Verlagsleitung: Harald Hof
Druck: Books on Demand GmbH, In de Tarpen 42, 22848 Norderstedt

Imprint
Publisher: BABADADA GmbH, Nedderfeld 112 , 22529 Hamburg, Germany
Managing Director / Publishing direction: Harald Hof
Print: Books on Demand GmbH, In de Tarpen 42, 22848 Norderstedt

Schuel

école

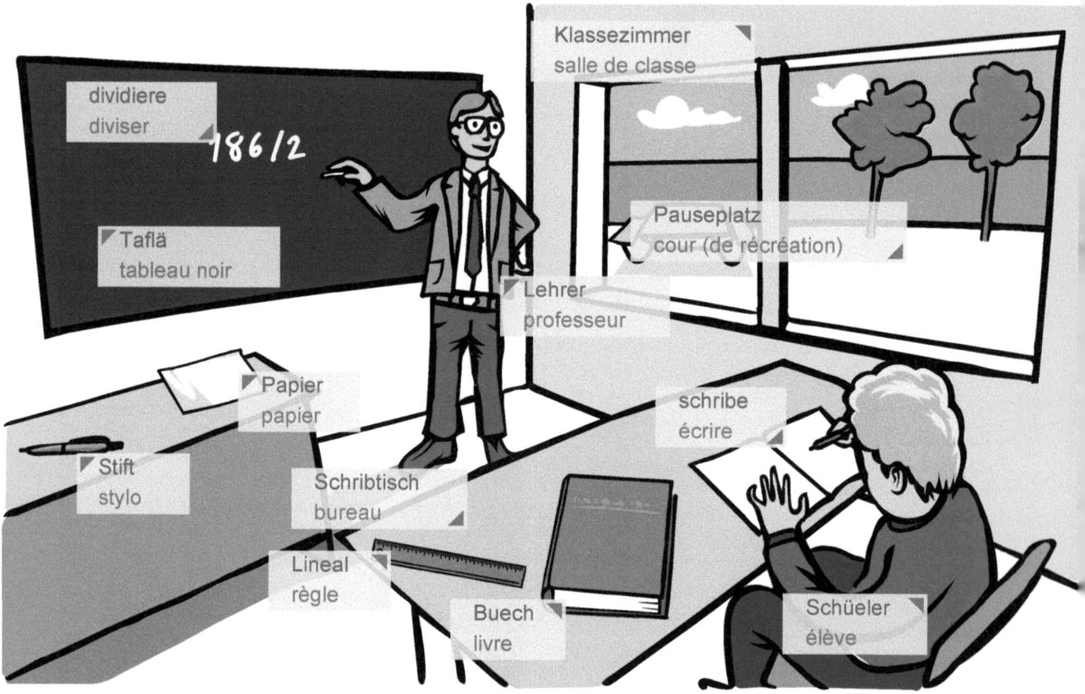

Klassezimmer
salle de classe
dividiere
diviser
186/2
Tafla
tableau noir
Pauseplatz
cour (de récréation)
Lehrer
professeur
Papier
papier
schribe
écrire
Stift
stylo
Schribtisch
bureau
Lineal
règle
Buech
livre
Schüeler
élève

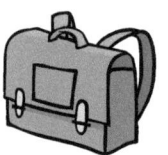

Thek

cartable

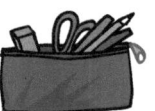

Etui

trousse

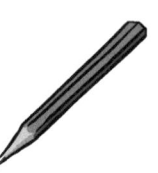

Bleistift

crayon

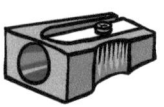

Spitzer

taille-crayon

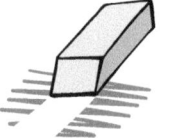

Radiergummi

gomme

Zeicheblock

carnet à dessin

Zeichnig

dessin

Pinsel

pinceau

Malchaschte

boîte de peinture

Schär

ciseaux

Liim

colle

Üebigsheft

cahier d'exercices

Huusufgabe

devoirs

12

Zahl

chiffre

2+2

addiere

additionner

5-2

subtrahiere

soustraire

2×2

multipliziere

multiplier

rächne

calculer

Buechstabe

lettre

ABCDEFG
HIJKLMN
OPQRSTU
VWXYZ

Alphabet

alphabet

hello

Wort

mot

Text
....
texte

läse
....
lire

Kriide
....
craie

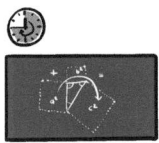

Lektion
....
leçon

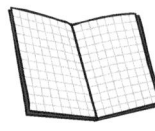

Klassäbuech
....
livre de classe

Prüefig
....
examen

Zügnis
....
certificat

Schueluniform
....
uniforme scolaire

Usbildig
....
formation

Enzyklopädie
....
lexique

Universität
....
université

Mikroskop
....
microscope

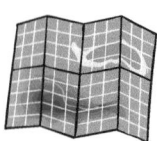

Charte
....
carte

Papierchorb
....
corbeille à papier

Hotel
hôtel

Grand

Härbärg
auberge

ROOMS

Wächselstube
bureau de change

EXCHANGE

Koffer
valise

Auto
voiture

Sprach

langue

jo / nei

oui / non

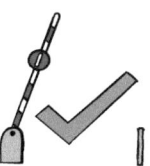

okay

d'accord

Hallo

Salut

Dolmetscher

interprète

Dankä

merci

Was chostet...?

Combien coûte...?

Ich vrstahs nöd

Je ne comprends pas

Problem

problème

Guete Abig!

Bonsoir !

guete Morgä!

Bonjour !

guete Abig!

Bonne nuit !

Uf Wiederseh

Au revoir

Richtig

direction

Bagaasch

bagages

Täsche

sac

Rucksack

sac-à-dos

Gast

hôte

Ruum

pièce

Schlafsack

sac de couchage

Zält

tente

Touristeninformation

office de tourisme

Strand

plage

Kreditkarte

carte de crédit

Zmorge

petit-déjeuner

Zmittag

déjeuner

Znacht

dîner

Billet

billet

Ufzug

ascenseur

Briefmarke

timbre

Gränze

frontière

Zoll

douane

Botschaft

ambassade

Visum

visa

Pass

passeport

Transport
transport

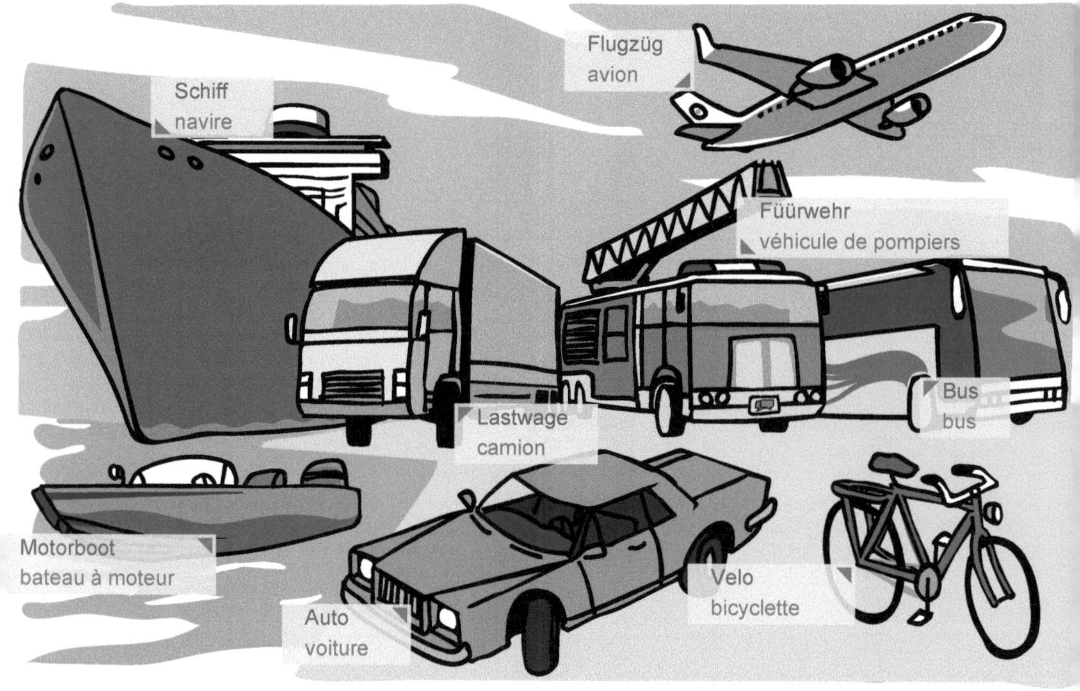

Flugzüg
avion
Schiff
navire
Füürwehr
véhicule de pompiers
Bus
bus
Lastwage
camion
Motorboot
bateau à moteur
Velo
bicyclette
Auto
voiture

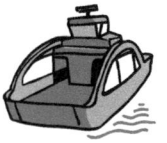

Fähri

ferry

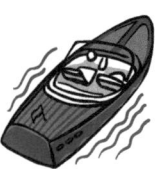

Boot

barque

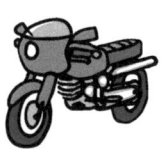

Töff

moto

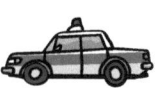

Polizeiauto

voiture de police

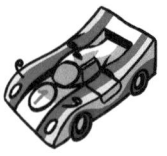

Rännauto

voiture de course

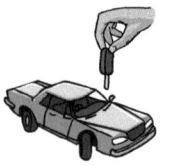

Mietwage

voiture de location

Carsharing

auto-partage

Abschleppwage

voiture de remorquage

Chübelwage

benne à ordures

Motor

moteur

Benzin

essence

Tankstell

station d'essence

Verkehrsschild

panneau indicateur

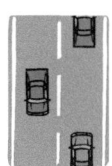

Verchehr

trafic

Stau

embouteillage

Parkplatz

parking

Bahnhof

gare

Schiene

rails

Zug

train

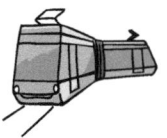

Strassebahn

tramway

Wagon

wagon

Helikopter

hélicoptère

Flughafe

aéroport

Tower

tour

Passagier

passager

Container

conteneur

Karton

carton

Chare

chariot

Korb

corbeille

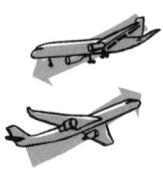

starte / lande

décoller / atterrir

Stadt

ville

Dorf

village

Stadtzentrum

centre-ville

Huus

maison

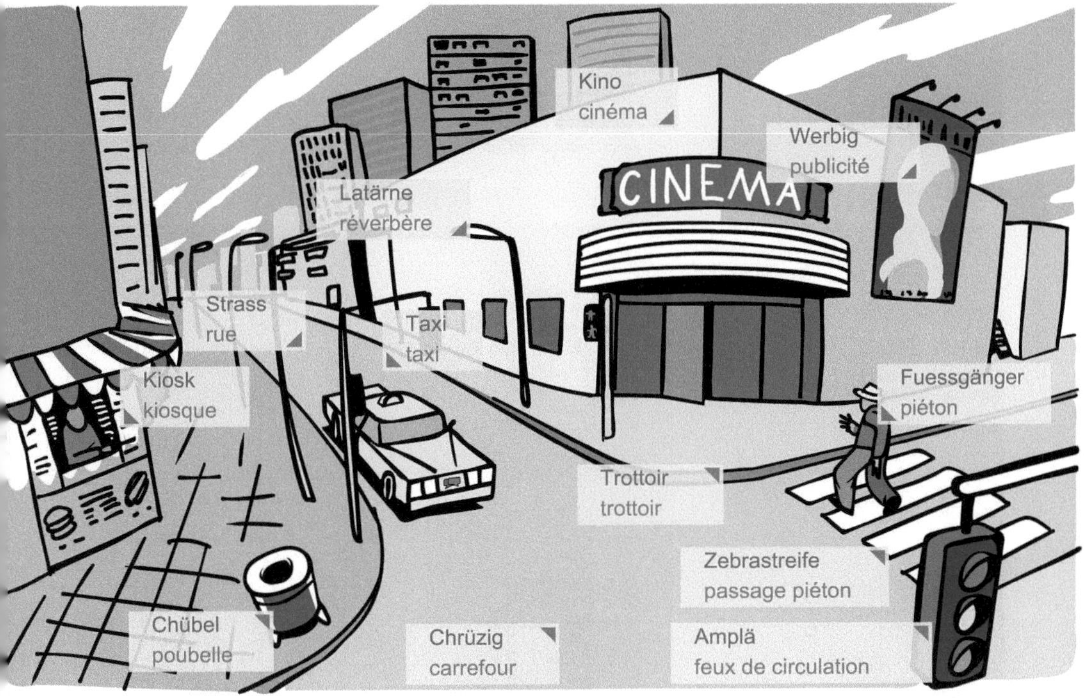

Kino
cinéma

Werbig
publicité

Latärne
réverbère

CINEMA

Strass
rue

Taxi
taxi

Kiosk
kiosque

Fuessgänger
piéton

Trottoir
trottoir

Zebrastreife
passage piéton

Chübel
poubelle

Chrüzig
carrefour

Amplä
feux de circulation

Hütte

cabane

Wohnig

appartement

Bahnhof

gare

Gmeindshuus

mairie

Museum

musée

Schuel

école

Universität

université

Bank

banque

Spital

hôpital

Hotel

hôtel

Apotheke

pharmacie

Büro

bureau

Buechgschäft

librairie

Gschäft

magasin

Bluemelade

fleuriste

Läbensmittellade

supermarché

Märt

marché

Chaufhuus

grand magasin

Fischhändler

poissonnerie

Iihkaufszentrum

centre commercial

Hafe

port

Park

parc

Bank

banque

Brugg

pont

Stäge

escaliers

U-Bahn

métro

Tunnell

tunnel

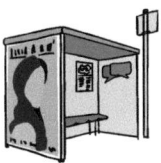

Bushaltestell

arrêt de bus

Bar

bar

Restaurant

restaurant

Briefchastä

boîte à lettres

Strasseschild

panneau indicateur

Parkuhr

parcmètre

Zolli

zoo

Badi

piscine

Moschee

mosquée

Buurehof

ferme

Umwältvrschmutzig

pollution

Fridhof

cimetière

Chile

église

Spielplatz

aire de jeux

Tämpel

temple

Landschaft

paysage

![Landschaft - paysage illustration]

Blatt
feuille

Wägwiiser
panneau indicateur

Wäg
chemin

Wise
pré

Stei
pierre

Baum
arbre

Wanderer
randonneur

Fluss
rivière

Gras
herbe

Bluamä
fleur

Tal

vallée

Bärg

montagne

See

lac

Wald

forêt

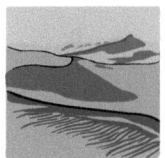

Wüeschti

désert

Vulkan

volcan

Schloss

château

Rägeboge

arc-en-ciel

Pilz

champignon

Palme

palmier

Moskito

moustique

Fliege

mouche

Ameise

fourmis

Biendli

abeille

Spinne

araignée

Chäfer

coléoptère

Frosch

grenouille

Eichhörnli

écureuil

Igel

hérisson

Haas

lièvre

Üle

chouette

Vogu

oiseau

Schwan

cygne

Wildschwein

sanglier

Hirsch

cerf

Elch

élan

Damm

barrage

Windturbine

éolienne

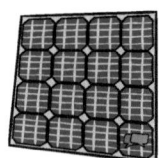

Sunnekollektor

panneau solaire

Klima

climat

Restaurant
restaurant

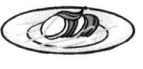

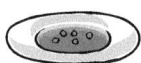

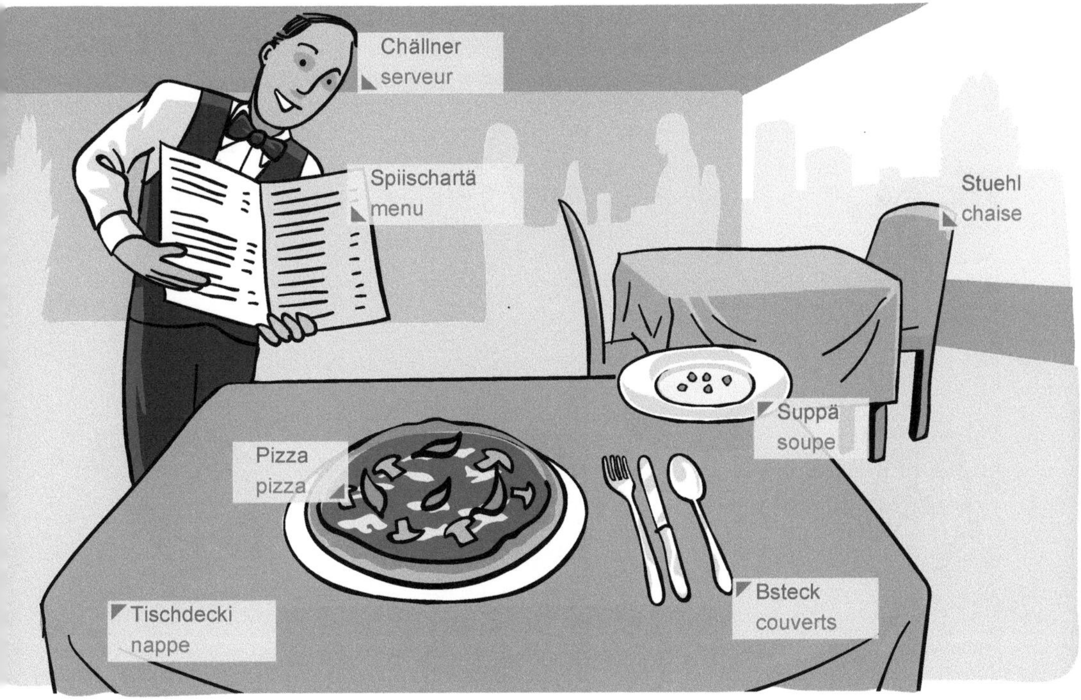

Chällner
serveur
Spiischartä
menu
Stuehl
chaise
Suppä
soupe
Pizza
pizza
Bsteck
couverts
Tischdecki
nappe

Vorspiies

hors d'œuvre

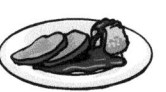

Hauptgricht

plat principal

Dessert

dessert

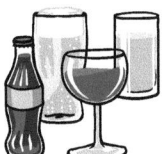

Getränk

boissons

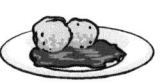

Läbensmittel

alimentation

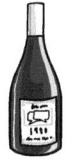

Fläsche

bouteille

Fast Food

fast-food

Street Food

plats à emporter

Teechanne

théière

Zuckerdosä

sucrier

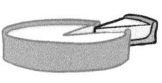

Portion

portion

Espressomaschine

machine à expresso

Hochstuehl

chaise haute

Rächnig

facture

Tablett

plateau

Mässer

couteau

Gable

fourchette

Löffel

cuillère

Teelöffel

cuillère à thé

Serviette

serviette

Glas

verre

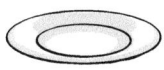

Täller

assiette

Suppetällär

assiette à soupe

Untertasse

soucoupe

Sose

sauce

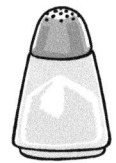

Salzstreuer

salière

Pfäffermühli

moulin à poivre

Essig

vinaigre

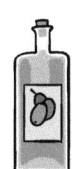

Öl

huile

Gwürz

épices

Ketchup

ketchup

Sänf

moutarde

Mayonnaise

mayonnaise

Läbensmittellade

supermarché

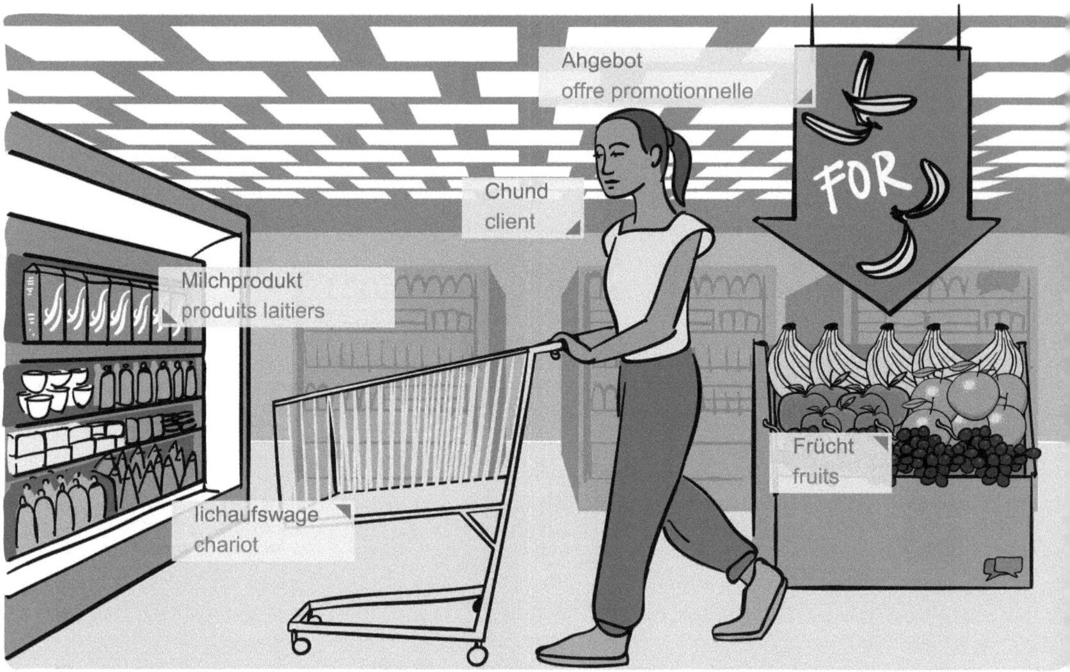

Ahgebot
offre promotionnelle
FOR
Chund
client
Milchprodukt
produits laitiers
Frücht
fruits
Iichaufswage
chariot

BUTCHERS

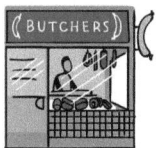

Schlachter

boucherie

BAKERY

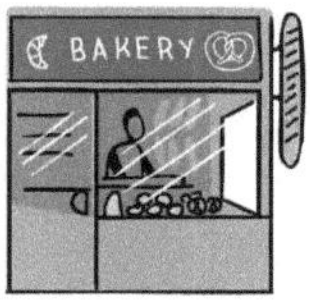

Beck

boulangerie

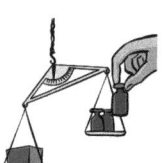

wiege

peser

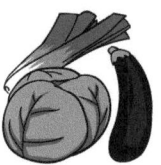

Gmües

légumes

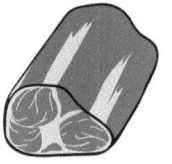

Fleisch

viande

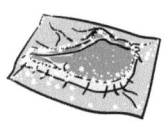

Tiefkühlprodukt

aliments surgelés

Ufschnitt

charcuterie

die Konsärve

conserves

Wöschmittel

poudre à lessive

Süessigkeite

bonbons

Huushaltartikel

articles ménagers

Putzmittel

détergents

Verchäuferin

vendeuse

Kassä

caisse

Kassierer

caissier

Ihchaufsliste

liste d'achats

Öffnigszite

heures d'ouverture

das Portemonnaie

portefeuille

Kreditkarte

carte de crédit

Täsche

sac

Plastiksack

sac en plastique

Wasser

eau

Saft

jus de fruit

Milch

lait

Cola

coca

Wii

vin

Bier

bière

Alkohol

alcool

Ovi

chocolat chaud

Tee

thé

Kafi

café

Espresso

expresso

Cappuccino

cappuccino

Banane

banane

Öpfel

pomme

Orange

orange

Melone

melon

Zitrone

citron

Rüebli

carotte

Chnoobli

ail

Bambus

bambou

Zwiblä

oignon

Pilz

champignon

Nüss

noisettes

Nudle

pâtes

Spaghetti

spaghetti

Riis

riz

Salat

salade

Pommfrit

pommes frites

Bratherdöpfel

pommes de terre rôties

Pizza

pizza

Hamburgär

hamburger

Sandwich

sandwich

Gotlett

escalope

Schinkä

jambon

Salami

salami

Würschtli

saucisse

Huehn

poulet

Bratä

rôti

Fisch

poisson

Haferflocke

flocons d'avoine

Müesli

muesli

Cornflakes

cornflakes

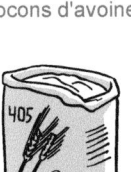

Mähl

farine

Gipfeli

croissant

Brötli

petits-pains

Brot

pain

Toscht

pain grillé

Guetzli

biscuits

Butter

beurre

Quark

le fromage blanc

Chueche

gâteau

Ei

œuf

Spiegelei

œuf au plat

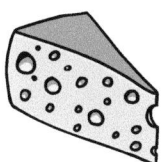

Chäs

fromage

Glace

glace

Zucker

sucre

Honig

miel

Gonfi

confiture

Nougat-Creme

crème nougat

Curry

curry

Buurehof
ferme

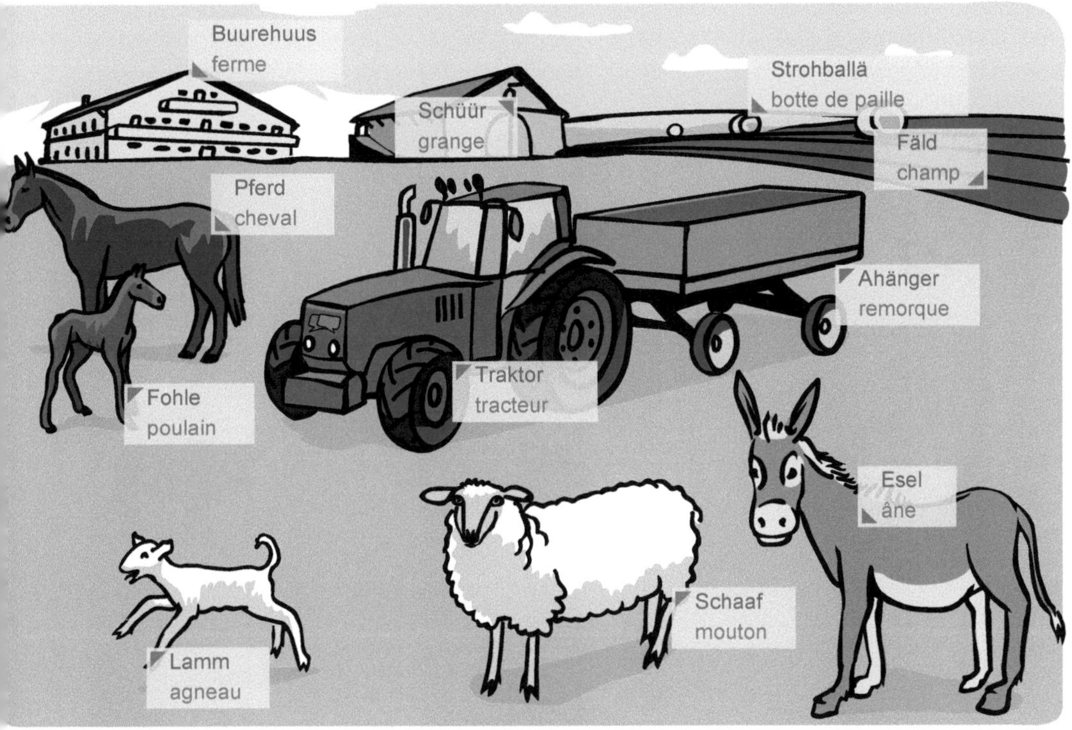

Buurehuus
ferme
Schüür
grange
Strohballä
botte de paille
Fäld
champ
Pferd
cheval
Ahänger
remorque
Traktor
tracteur
Fohle
poulain
Esel
âne
Schaaf
mouton
Lamm
agneau

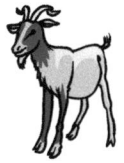

Geiss
chèvre

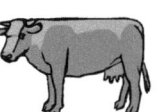

Chueh
vache

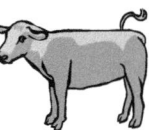

Chalb
veau

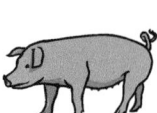

Sau
porc

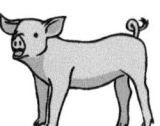

Ferkel
porcelet

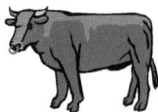

Rind
taureau

Gans

oie

Änte

canard

Küke

poussin

Huähn

poule

Güggel

coq

Ratte

rat

Chatz

chat

Muus

souris

Ochse

bœuf

Hund

chien

Hundehütte

chenil

Garteschluuch

tuyau de jardin

Giesschanne

arrosoir

Sägese

faucheuse

Pflueg

charrue

Sichel

faucille

Hacke

pioche

Heugable

fourche

Axt

hache

Garette

brouette

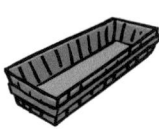

Trog

cuve

Milchchanne

pot à lait

Sack

sac

Haag

clôture

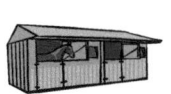

Gadä

étable

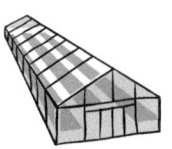

Gwächshuus

serre

Bode

sol

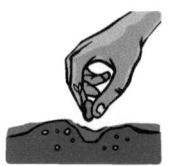

Soome

semences

Dünger

engrais

Mähdrescher

moissonneuse-batteuse

ärnte
récolter

Ärnte
récolte

Yamswurzle
igname

Weize
blé

Soja
soja

Härdöpfel
pomme de terre

Mais
maïs

Raps
colza

Obstbaum
arbre fruitier

Maniok
manioc

Getreide
céréales

Huus

maison

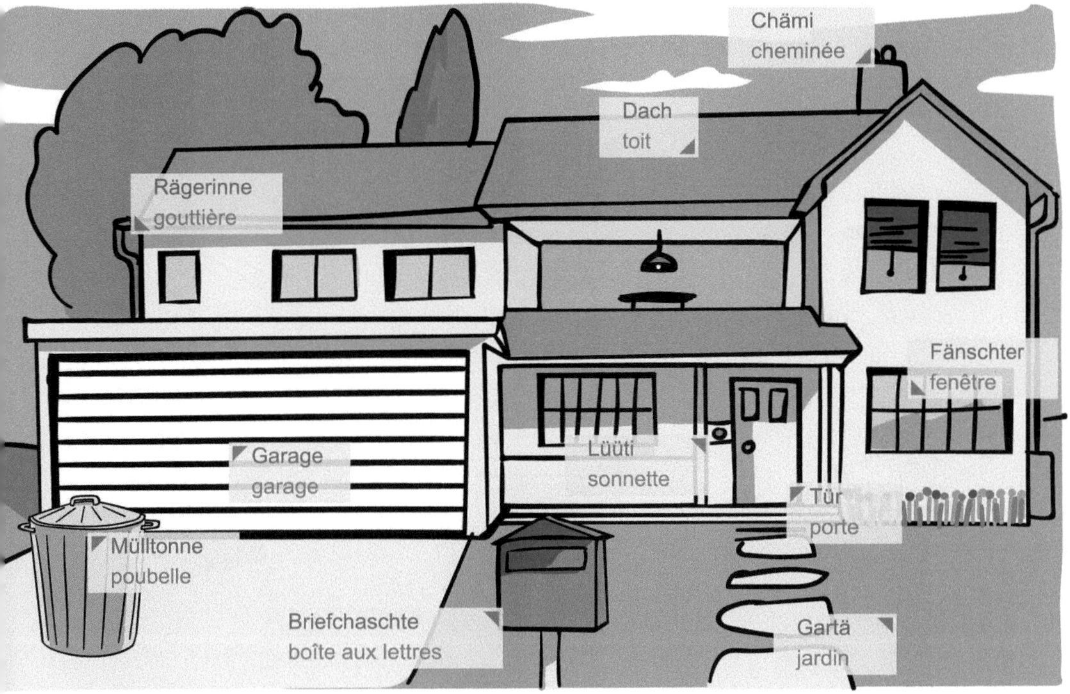
Chämi
cheminée
Dach
toit
Rägerinne
gouttière
Fänschter
fenêtre
Garage
garage
Lüüti
sonnette
Tür
porte
Mülltonne
poubelle
Briefchaschte
boîte aux lettres
Gartä
jardin

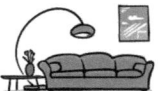

Stubä

salon

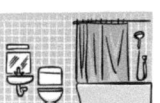

Badzimmer

salle de bain

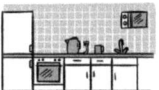

Chuchi

cuisine

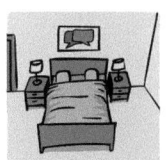

Schlofzimmer

chambre à coucher

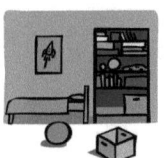

Chinderzimmer

chambre d'enfant

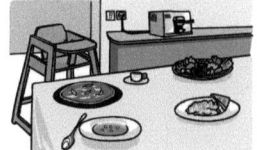

Ässzimmer

salle à manger

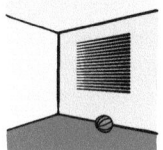

Bodä

sol

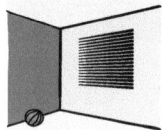

Wand

mur

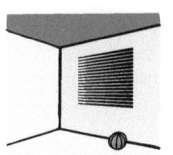

Decki

plafond

Chäller

cave

Sauna

sauna

Balkon

balcon

Terasse

terrasse

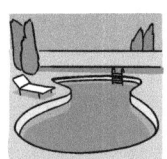

Pool

piscine

Rasemäier

tondeuse à gazon

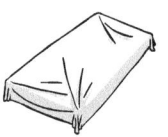

Bettbezug

housse

Bettdecki

couette

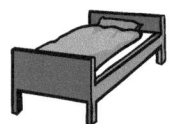

Bett

lit

Bäse

balai

Chübel

sceau

Schalter

interrupteur

Stubä
salon

Tapete
papier peint
Bild
image
Lampä
lampe
Regal
étagère
Schrank
armoire
Färnseh
télé
Kamin
cheminée
Bluamä
fleur
Chüssi
coussin
Sofa
sofa
Vasä
vase
Färnbedienig
télécommande

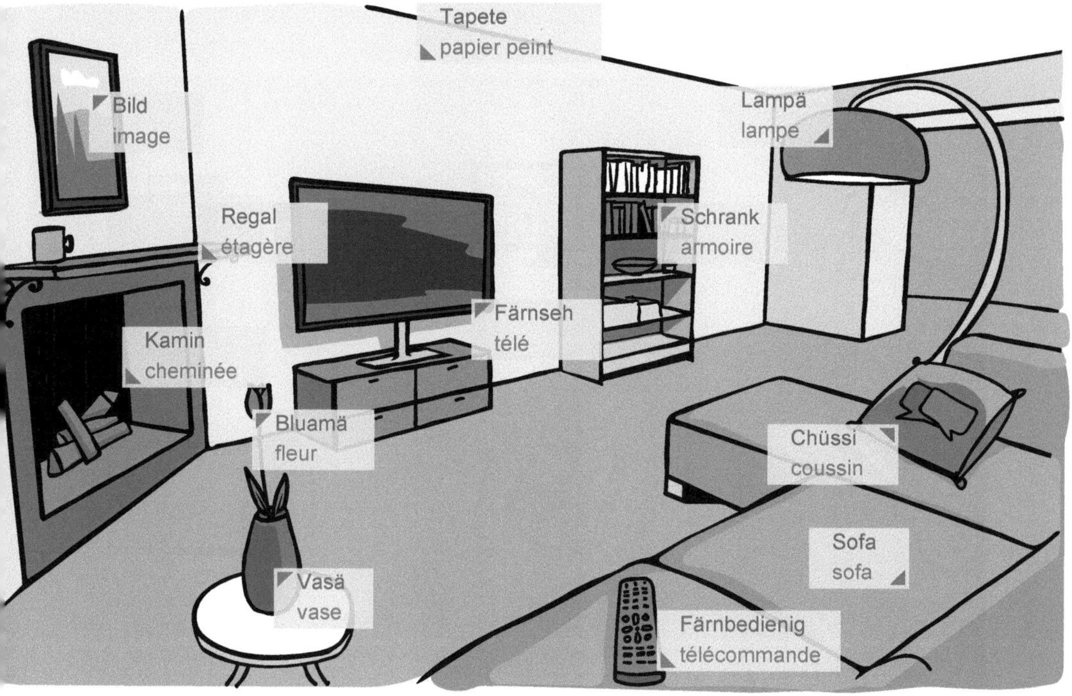

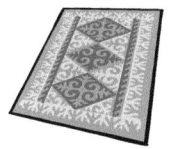

Teppich

tapis

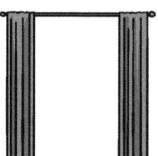

Vorhang

rideau

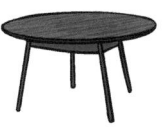

Tisch

table

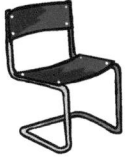

Stuehl

chaise

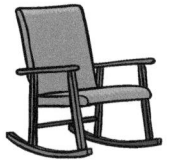

Schaukelstuehl

chaise à bascule

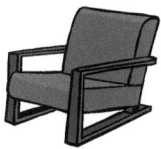

Sässel

fauteuil

Buech

livre

Decki

couverture

Dekoration

décoration

Füürholz

bois de chauffage

Film

film

Stereoahlag

chaîne hi-fi

Schlüssel

clé

Ziitig

journal

Bild

peinture

Poster

poster

Radio

radio

Notizblock

bloc-notes

Staubsuuger

aspirateur

Kaktus

cactus

Chärze

bougie

Chuchi
cuisine

Chüelschrank
réfrigérateur
Mikrowällä
four à micro-ondes
Chuchiwaag
balance de cuisine
Toaster
grille-pain
Wöschmittel
détergent
Ofä
four
Gfrierfach
compartiment congélateur
Mülltonne
poubelle
Gschirrspüeler
lave-vaisselle

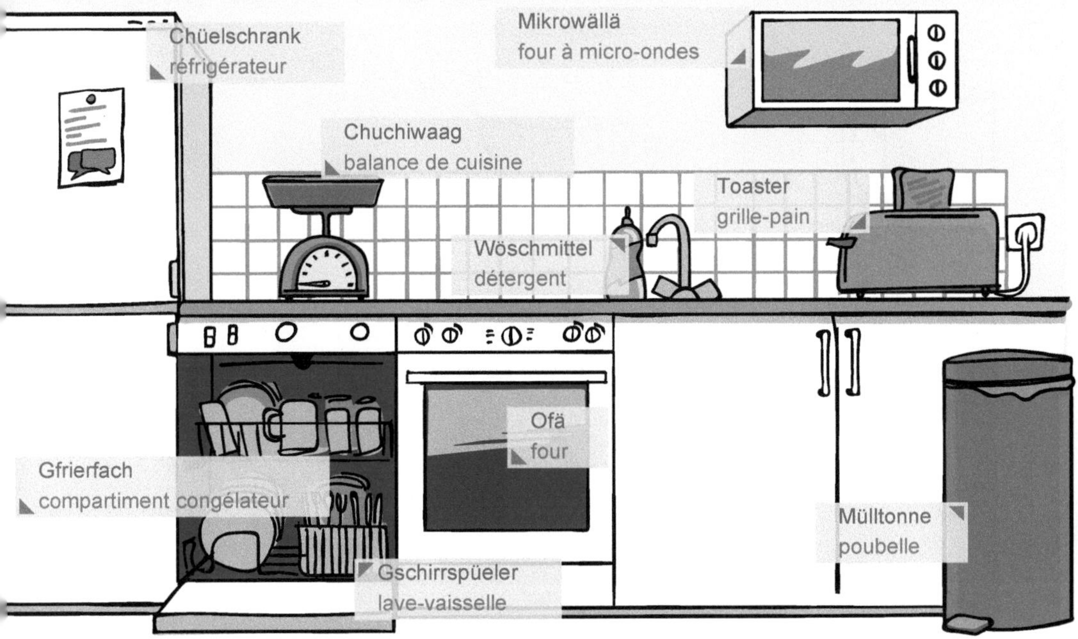

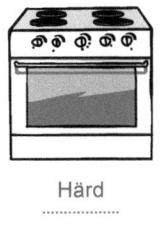

Härd

four

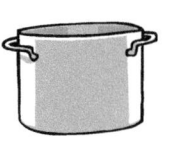

Topf

casserole

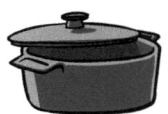

Iisetopf

marmite

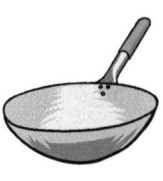

Wok / Kadai

wok / kadai

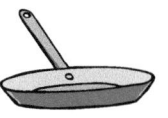

Pfanne

poêle

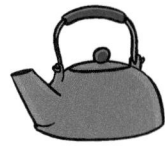

Wasserchocher

bouilloire electrique

Dampfer

cuiseur vapeur

Bachbläch

plaque de cuisson

Gschirr

vaisselle

Bächer

gobelet

Schale

coupe

Stäbli

baguettes

Suppechellä

louche

Pfannewänder

spatule

Schneebäse

fouet

Sieb

passoire

Sieb

tamis

Raffle

râpe

Mörser

mortier

Grill

barbecue

Füürstell

cheminée

Schniidbrätt

planche à découper

Nudelholz

rouleau à pâtisserie

Korkäzieher

tire-bouchon

Dosä

boîte

Dosäöffner

ouvre-boîte

Topflappä

maniques

Wöschbecki

lavabo

Bürste

brosse

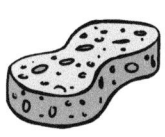

Schwumm

éponge

Mixer

mixeur

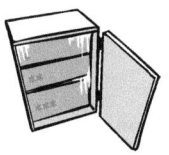

Gfrierschrank

congélateur

Babyfläschli

biberon

Hahnä

robinet

Badzimmer
salle de bain

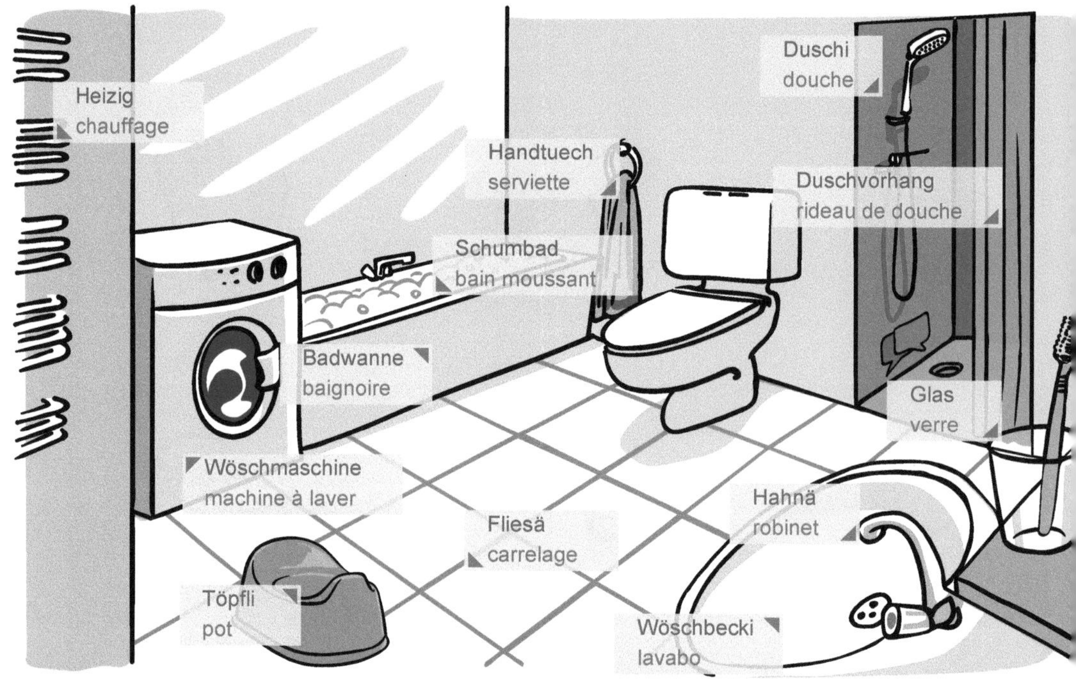

Heizig
chauffage
Handtuech
serviette
Duschi
douche
Duschvorhang
rideau de douche
Schumbad
bain moussant
Badwanne
baignoire
Glas
verre
Wöschmaschine
machine à laver
Hahnä
robinet
Fliesä
carrelage
Töpfli
pot
Wöschbecki
lavabo

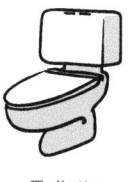

Toilette
toilettes

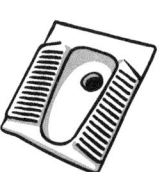

Plumpsklo
toilette à la turque

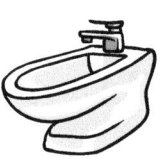

Bidet
bidet

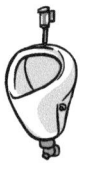

Pissoir
urinoir

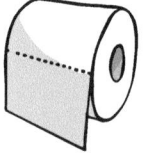

Toilettepapier
papier toilette

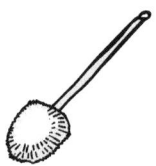

Toilettebürschteli
brosse à toilette

Zahbürstä

brosse à dents

Zahpasta

dentifrice

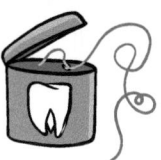

Zahnsiide

fil dentaire

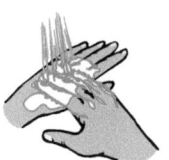

wäsche

laver

Handduschi

douche manuelle

Intiimduschi

douche intime

Wöschbecki

vasque

Ruggäbürste

brosse dorsale

Seifä

savon

Duschgel

gel douche

Shampoo

shampooing

Waschlappä

gant de toilette

Abfluss

écoulement

Creme

crème

Deo

déodorant

Spiegel

miroir

Handspiegel

miroir cosmétique

Rasierer

rasoir

Rasierschuum

mousse à raser

Aftershave

après-rasage

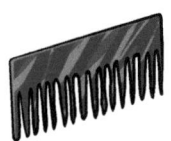

Schträäl

peigne

Bürstä

brosse

Föhn

sèche-cheveux

Hoorspray

laque pour cheveux

Makeup

fond de teint

Lippestift

rouge à lèvres

Nagellack

vernis à ongles

Wattä

ouate

Nagelscher

coupe-ongles

Parfum

parfum

Necessaire

trousse de toilette

Schemel

tabouret

Waag

pèse-personne

Badmantel

peignoir

Gummihändscheh

gants de nettoyage

Tampon

tampon

Damebinde

serviettes hygiéniques

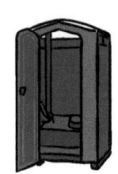

chemischi Toilette

toilette chimique

Chinderzimmer
chambre d'enfant

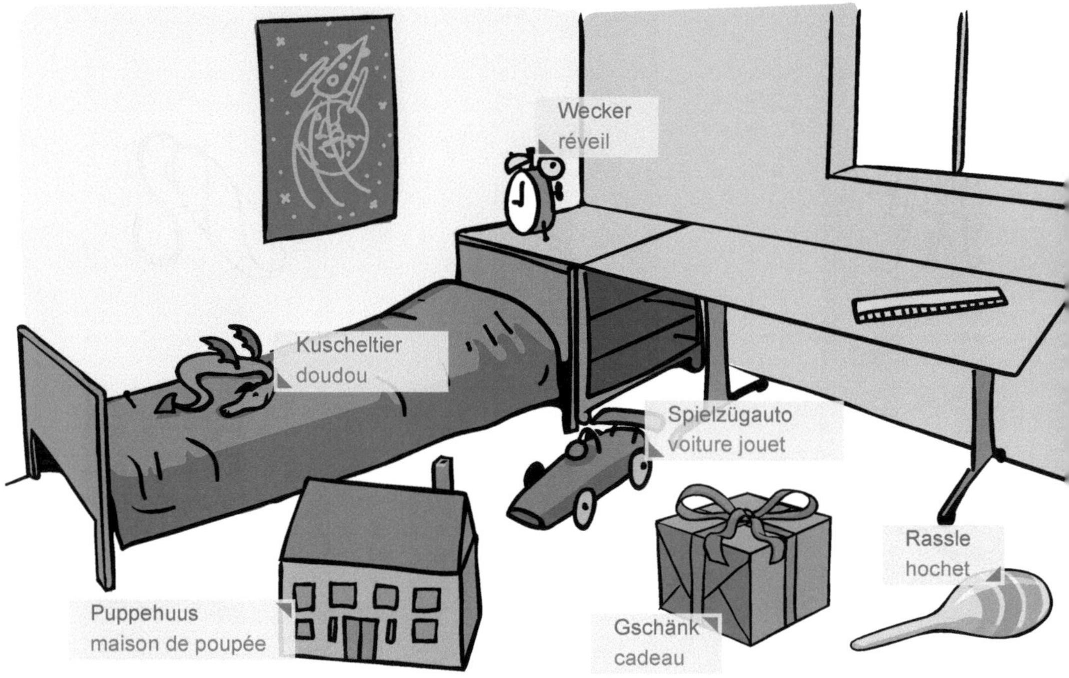
Wecker
réveil
Kuscheltier
doudou
Spielzügauto
voiture jouet
Rassle
hochet
Puppehuus
maison de poupée
Gschänk
cadeau

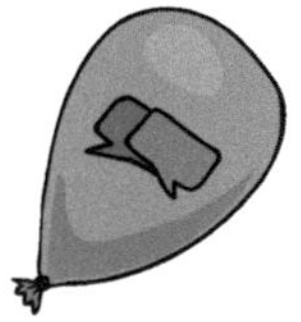

Ballon

ballon

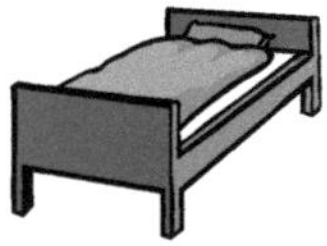

Bett

lit

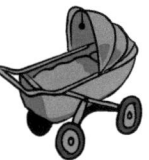

Chinderwage

poussette

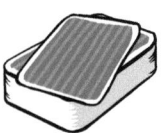

Chartespiel

jeu de cartes

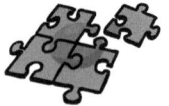

Puzzle

puzzle

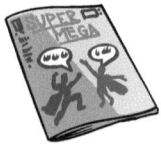

Comic

bande dessinée

Legos

pièces lego

Baustei

blocs de construction

Action Figur

figurine

Strampli

grenouillère

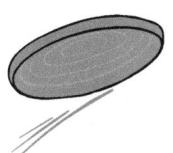

Frisbee

frisbee

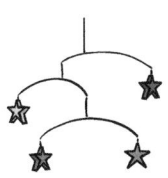

Mobile

mobile

Brättspiel

jeu de société

Würfäl

dé

Modellisebahn

train miniature

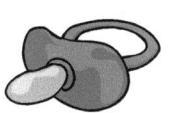

Nuggi

sucette

Party

fête

Bilderbuch

livre d'images

Ball

balle

Puppä

poupée

spiele

jouer

Sandchaschte

bac à sable

Gigampfi

balançoire

Spielzüg

jouets

Videospielkonsole

console de jeu

Dreirad

tricycle

Teddy

ours en peluche

Chleiderschrank

armoire

Chleidig

vêtements

Sockä

chaussettes

Strümpf

bas

Strumpfhosä

collant

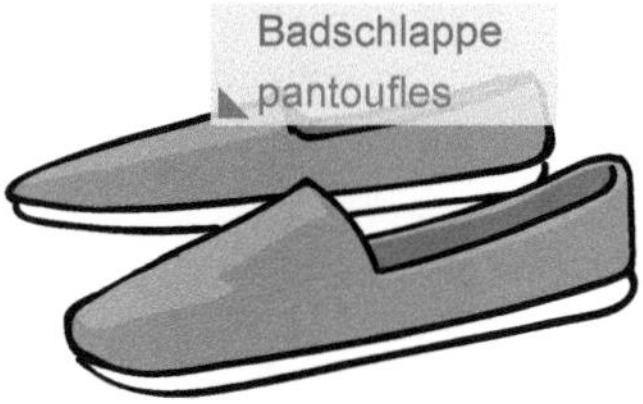

Schal
écharpe

Rägeschirm
parapluie

T-Shirt
t-shirt

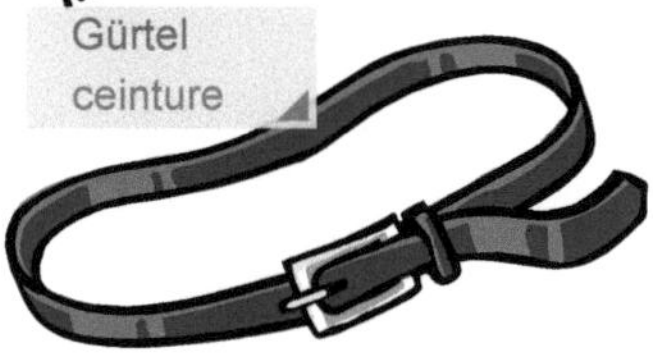

Gürtel
ceinture

Stiefel
bottes

Badschlappe
pantoufles

Turnschueh
baskets

Sandalä

Schueh

Gummistiefel

sandales

chaussures

bottes de caoutchouc

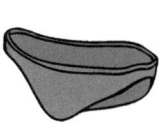

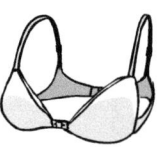

Untrhosä

BH

Underlibli

sous-vêtements

soutien-gorge

maillot de corps

Body
body

Hosä
pantalon

Jeans
jean

Rock
jupe

Bluse
chemisier

Hömli
chemise

Pulli
pull

Kapuzepulli
sweat à capuche

Blazer
veste

Jacke
veste

Mantel
manteau

Rägämantel
imperméable

Chostüm
costume

Chleid
robe

Hochziitskleid
robe de mariée

Ahzug

costume

Nachthömli

chemise de nuit

Pyjama

pyjama

Sari

sari

Chopftuäch

foulard

Turban

turban

Burka

burqa

Kaftan

caftan

Abaya

abaya

Badchleid

maillot de bain

Badhose

maillot de bain

churzi Hosä

short

Trainer

tenue d'entraînement

Schürze

tablier

Händsche

gants

Chnopf

bouton

Brüllä

lunettes

Armband

bracelet

Chetti

collier

Ring

bague

Ohrering

boucle d'oreille

Chappe

bonnet

Chleiderbügel

cintre

Huet

chapeau

Grawattä

cravate

Riissverschluss

fermeture éclair

Helm

casque

Hosäträger

bretelles

Schueluniform

uniforme scolaire

Uniform

uniforme

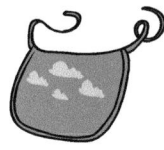

Lätzli

bavoir

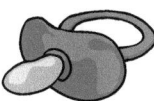

Nuggi

sucette

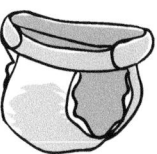

Windle

lange

Büro

bureau

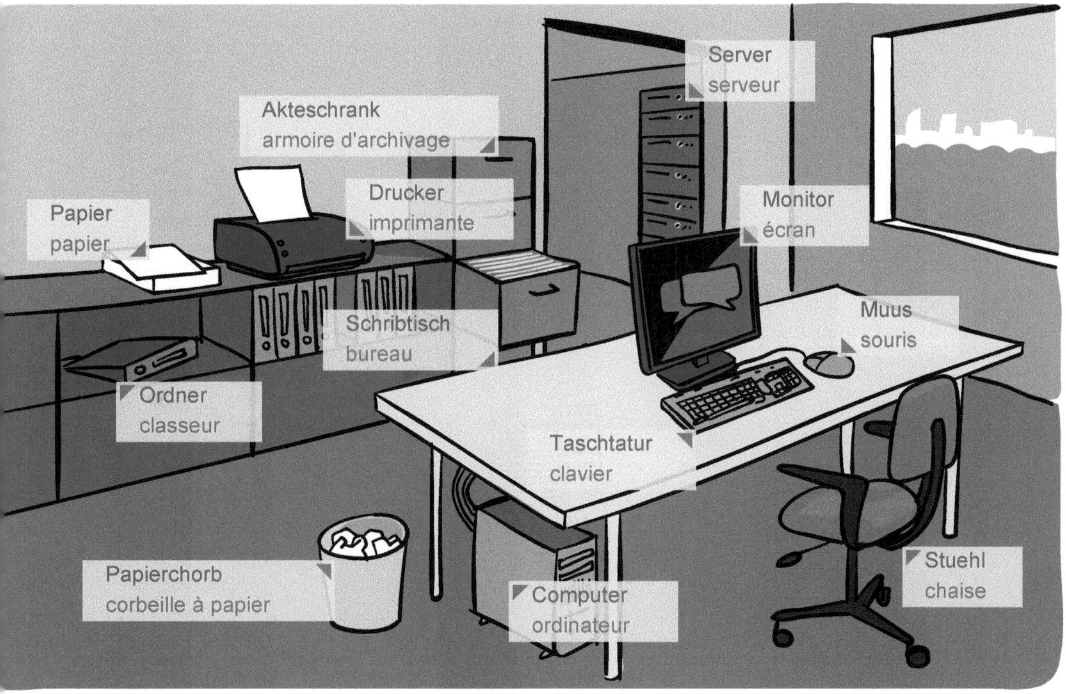

Server
serveur
Akteschrank
armoire d'archivage
Drucker
imprimante
Papier
papier
Monitor
écran
Muus
souris
Schribtisch
bureau
Ordner
classeur
Taschtatur
clavier
Papierchorb
corbeille à papier
Computer
ordinateur
Stuehl
chaise

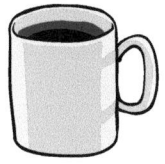

Kafibächer

tasse de café

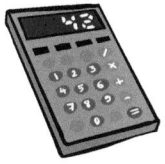

Tascheráchner

calculatrice

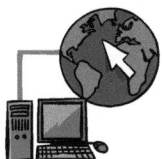

Internet

internet

Laptop

ordinateur portable

Brief

lettre

Nochricht

message

Mobiltelefon

portable

Netzwärk

réseau

Kopierer

photocopieuse

Software

logiciel

Telefon

téléphone

Steckdosä

prise

Fax

fax

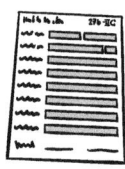

Formular

formulaire

Dokumänt

document

chaufe

acheter

zahle

payer

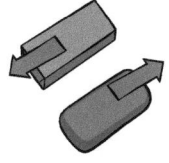

handle

faire du commerce

Gäld

monnaie

Dollar

dollar

Euro

euro

Yen

yen

Rubel

rouble

Frankä

franc suisse

Renminbi Yuan

renminbi yuan

Rupie

roupie

Gäldautomat

distributeur automatique

Wächselstube

bureau de change

Gold

or

Silber

argent

Öl

pétrole

Energie

énergie

Priis

prix

Vertrag

contrat

Stüür

taxe

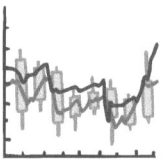

Aktie

action

schaffe

travailler

Mitarbeiter

employé

Arbeitgeber

employeur

Fabrik

usine

Gschäft

magasin

Brüef
professions

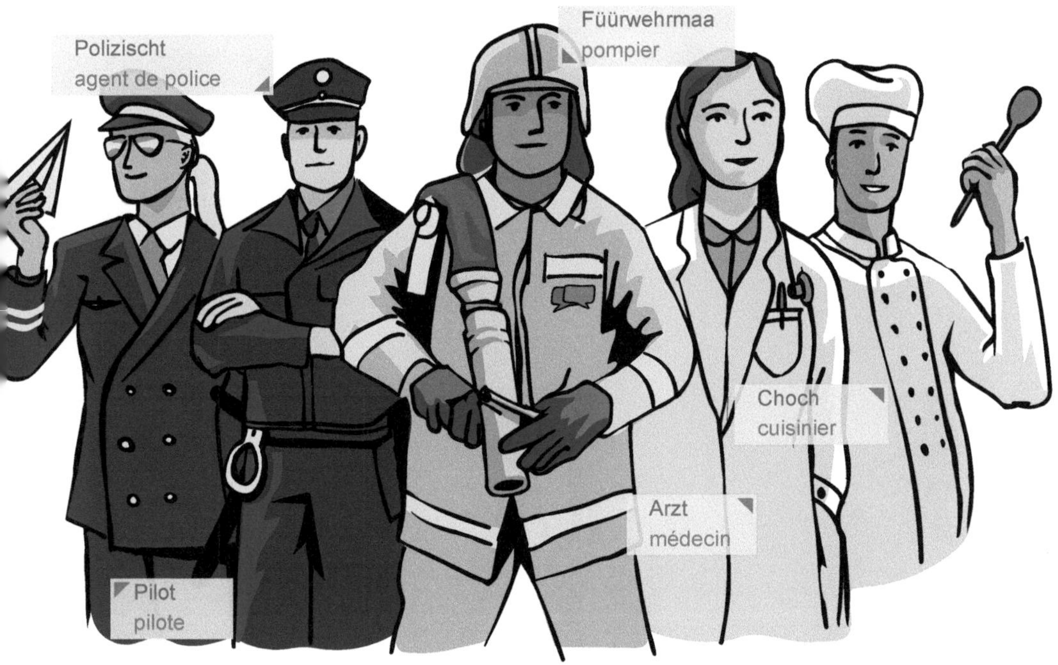
Polizischt
agent de police
Füürwehrmaa
pompier
Choch
cuisinier
Arzt
médecin
Pilot
pilote

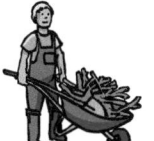

Gärtner

jardinier

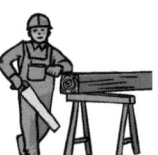

Zimmermah

menuisier

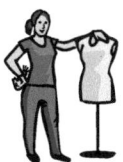

Näheri

couturière

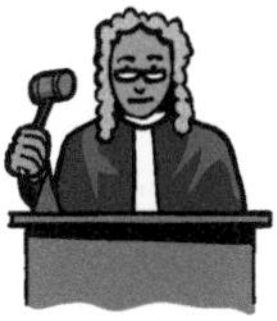

Richter

juge

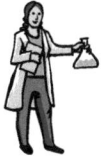

Chemiker

chimiste

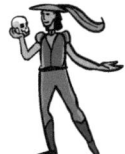

Darsteller

acteur

Busfahrer

conducteur de bus

Taxifahrer

chauffeur de taxi

Fischer

pêcheur

Putzfrau

femme de ménage

Dachdecker

couvreur

Chällner

serveur

Jäger

chasseur

Moler

peintre

Bäcker

boulanger

Elektriker

électricien

Bauarbeiter

ouvrier

Ingenieur

ingénieur

Schlachter

boucher

Klämpner

plombier

Pöschtler

facteur

Soldat

soldat

Architekt

architecte

Kassierer

caissier

Florischt

fleuriste

Frisör

coiffeur

Kontrolleur

contrôleur

Mechaniker

mécanicien

Kapitän

capitaine

Zahnarzt

dentiste

Wüsseschaftler

scientifique

Rabbi

rabbin

Imam

imam

Mönch

moine

Pfarrer

prêtre

Werkzüüg
outils

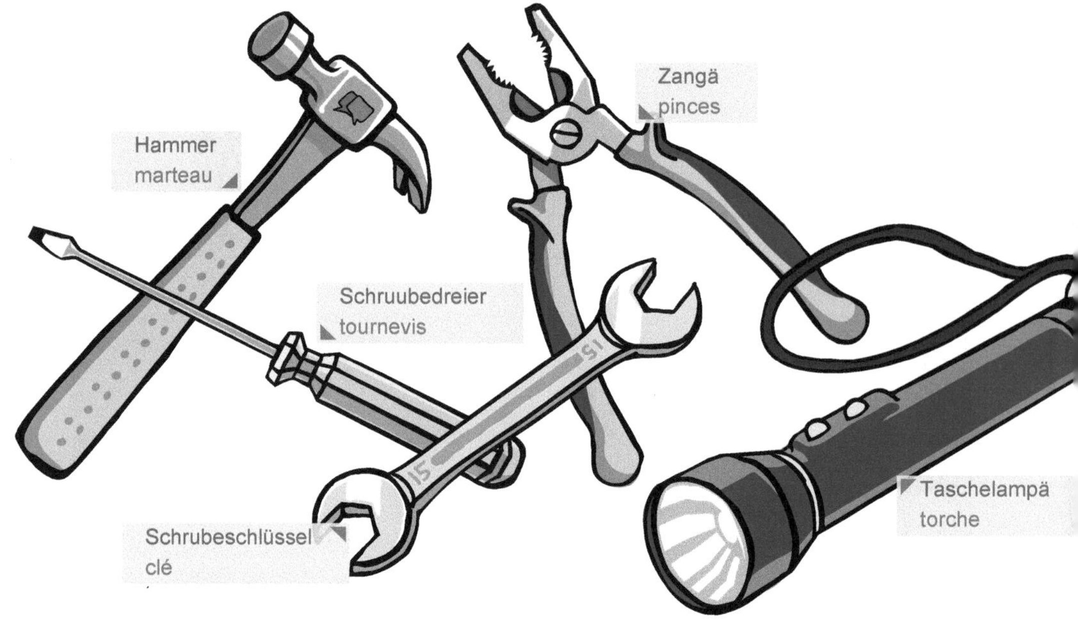
Hammer
marteau
Zangä
pinces
Schruubedreier
tournevis
Taschelampä
torche
Schrubeschlüssel
clé

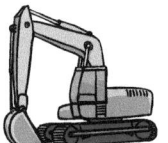

Bagger
pelleteuse

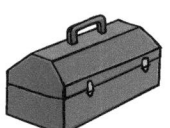

Werkzüügchaschte
boîte à outils

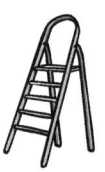

Leitere
échelle

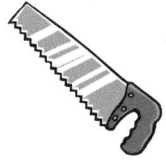

Sagi
scie

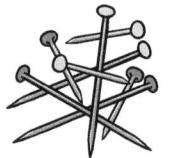

Negel
clous

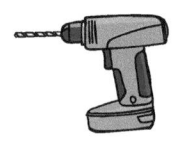

Bohrer
perceuse

flicke
....
réparer

Schufle
....
pelle

Mischt!
....
Mince !

Ascheschufle
....
pelle

Farbchübel
....
pot de peinture

Schruube
....
vis

Musiginstrumänt
instruments de musique

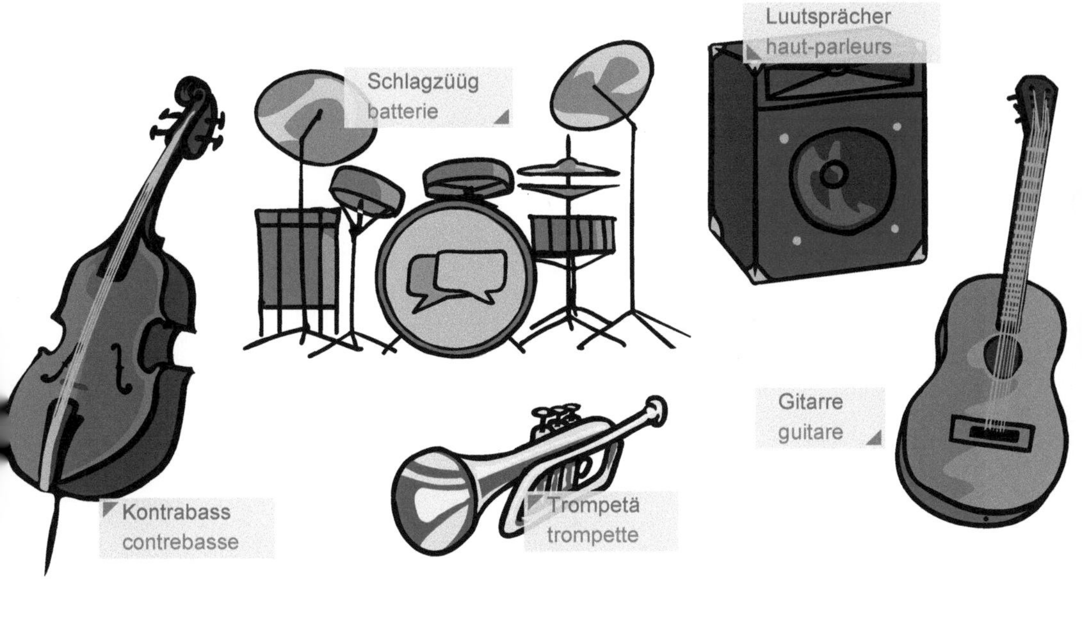

Schlagzüüg
batterie

Luutsprächer
haut-parleurs

Gitarre
guitare

Kontrabass
contrebasse

Trompetä
trompette

Klavier

piano

Violine

violon

Bass

basse

Pauke

timbales

Trummle

tambour

Keyboard

piano électrique

Saxophon

saxophone

Flöte

flûte

Mikrofon

microphone

Musiginstrumänt - instruments de musique

Iigang
entrée

Tiger
tigre

Chäfig
cage

Zebra
zèbre

Tierfueter
alimentation animale

Pandabär
panda

Tier

animaux

Elefant

éléphant

Känguru

kangourou

Nashorn

rhinocéros

Gorilla

gorille

Bär

ours

Kamel

chameau

Struss

autruche

Leu

lion

Aff

singe

Flamingo

flamand rose

Papagei

perroquet

Iisbär

ours polaire

Pinguin

pingouin

Hai

requin

Pfau

paon

Schlangä

serpent

Krokodil

crocodile

Zoowärter

gardien de zoo

Robbä

phoque

Jaguar

jaguar

Pony

poney

Leopard

léopard

Nilpfärd

hippopotame

Giraff

girafe

Adler

aigle

Wildschwein

sanglier

Fisch

poisson

Schildkrot

tortue

Walross

morse

Fuchs

renard

Gazelle

gazelle

American Football
american Football

Velofahre
cyclisme

Tennis
tennis

Basketball
basket-ball

Schwümmä
natation

Boxä
boxe

Iishockey
hockey sur glace

Fuessball

football

Badminton

badminton

Liechtathletik

athlétisme

Handball

handball

Skifahre

ski

Polo

polo

lachä
rire

springä
sauter

umarme
embrasser

gah
marcher

singe
chanter

troime
rêver

bätte
prier

küssä
faire la bise

schribe

écrire

zeichne

dessiner

zeige

montrer

schiebe

pousser

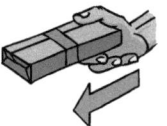

gäh

donner

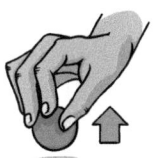

näh

prendre

händ

avoir

mache

faire

sy

être

stah

être debout

laufe

courir

zieh

trier

rüerä

jeter

fallä

tomber

ligge

être couché

warte

attendre

träge

porter

sitze

être assis

ahzieh

s'habiller

schlafe

dormir

ufwache

se réveiller

ahluege

regarder

brüele

pleurer

striichle

caresser

bürste

peigner

redä

parler

verschtah

comprendre

froog

demander

lose

écouter

trinke

boire

ässe

manger

ufruume

ranger

liebe

aimer

chochä

cuire

fahre

conduire

flüge

voler

segle

faire de la voile

rächne

calculer

läse

lire

leerä

apprendre

schaffe

travailler

hürate

se marier

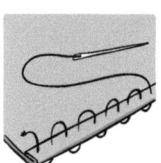

näije

coudre

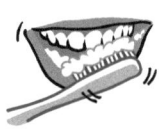

Zäh putze

brosser les dents

töte

tuer

schlootä

fumer

sände

envoyer

Familiä

famille

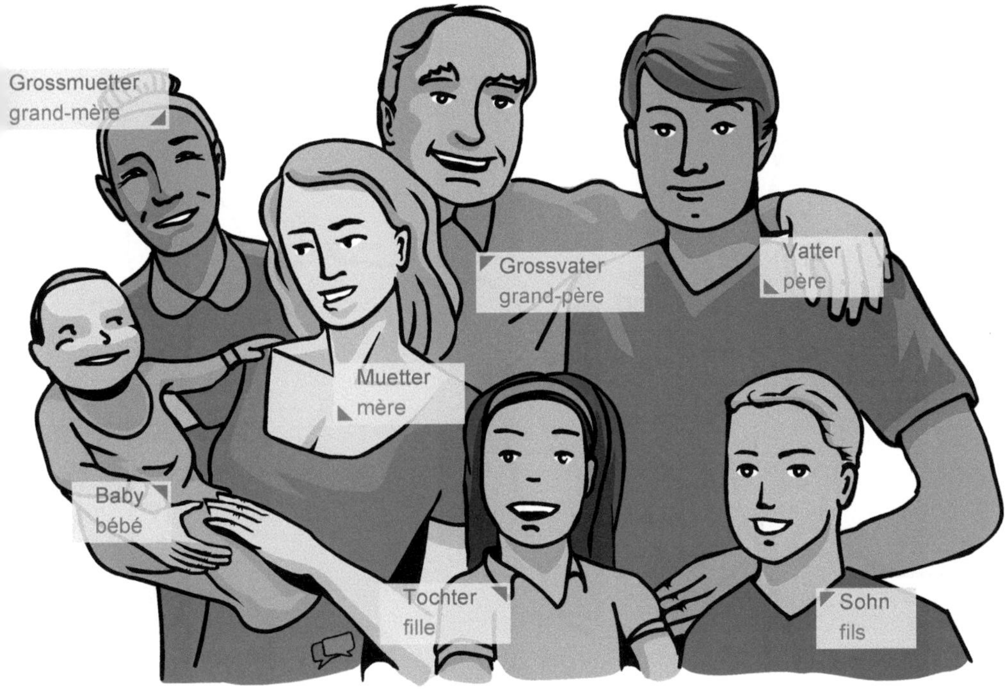

Grossmuetter
grand-mère
Grossvater
grand-père
Vatter
père
Muetter
mère
Baby
bébé
Tochter
fille
Sohn
fils

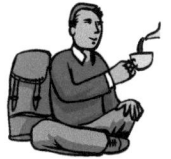

Gast

hôte

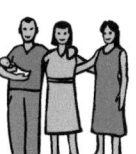

Tante

tante

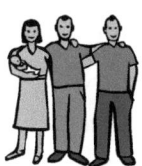

Unkel

oncle

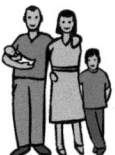

Brüeder

frère

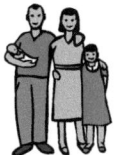

Schwöschter

sœur

Körpär
corps

Stirn
front
Aug
œil
Schultere
épaule
Fingär
doigt
Gsicht
visage
Chüni
menton
Hand
main
Bruscht
poitrine
Bei
jambe
Arm
bras

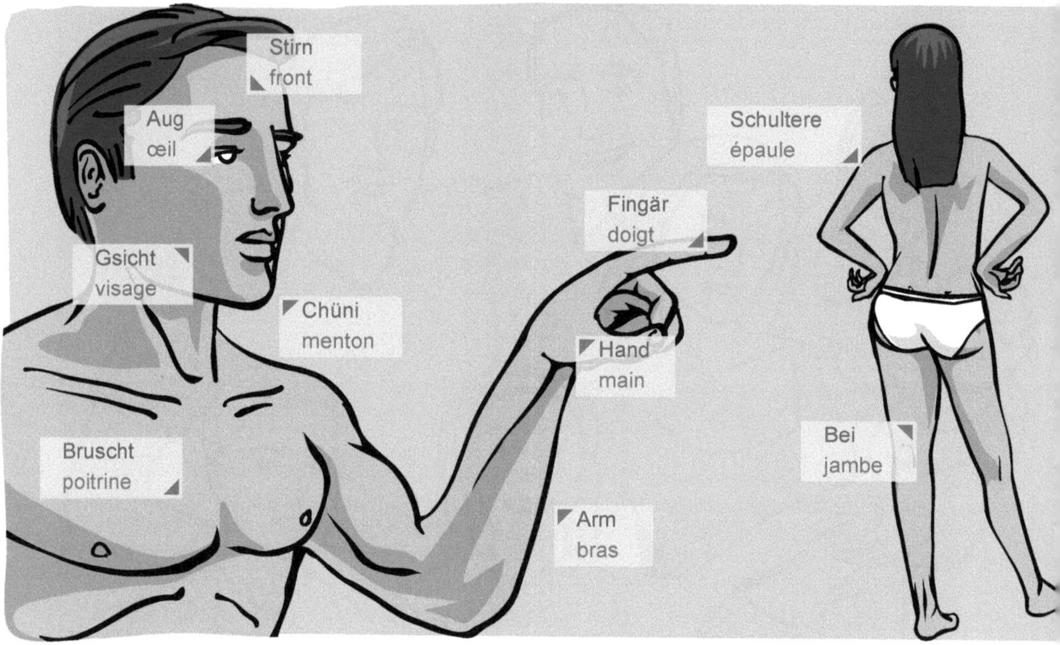

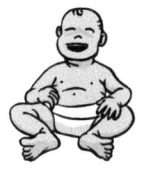

Baby
bébé

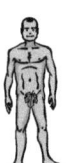

Mah
homme

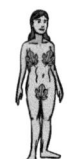

Frau
femme

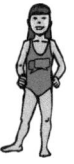

Meitli
fille

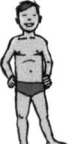

Bueb
garçon

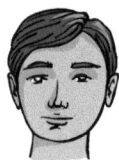

Chopf
tête

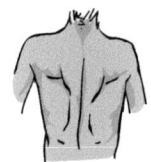

Ruggä

dos

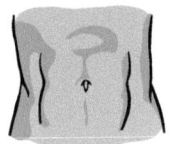

Buuch

ventre

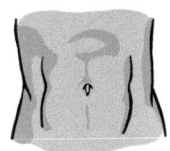

Buchnabel

nombril

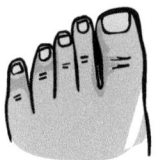

Zäche

orteil

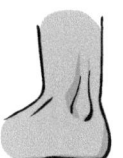

Fersä

talon

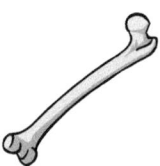

Knoche

os

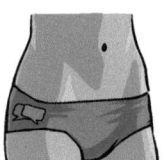

Hüfte

hanche

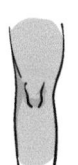

Chnü

genou

Ellbogä

coude

Nase

nez

Füdli

fesses

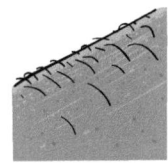

Hut

peau

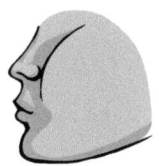

Bagge

joue

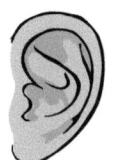

Ohr

oreille

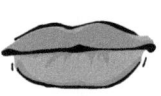

Lippe

lèvre

Muul

bouche

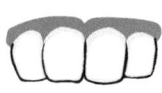

Zah

dent

Zungä

langue

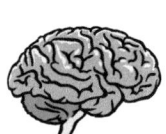

Hirni

cerveau

Härz

cœur

Muskel

muscle

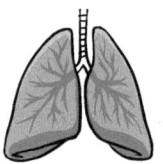

Lungä

poumons

Läberä

foie

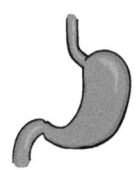

Magen

estomac

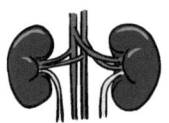

Nierä

reins

Gschlächtsvrkehr

rapport sexuel

Kondom

préservatif

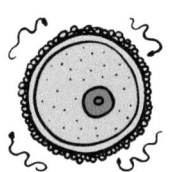

Eizälle

ovule

Soome

sperme

Schwangerschaft

grossesse

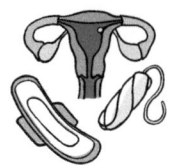

Menstruation

menstruation

Vagina

vagin

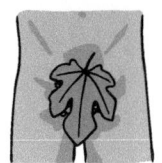

Penis

pénis

Augebrauä

sourcil

Haar

cheveux

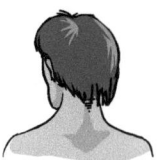

Hals

cou

Spital
hôpital

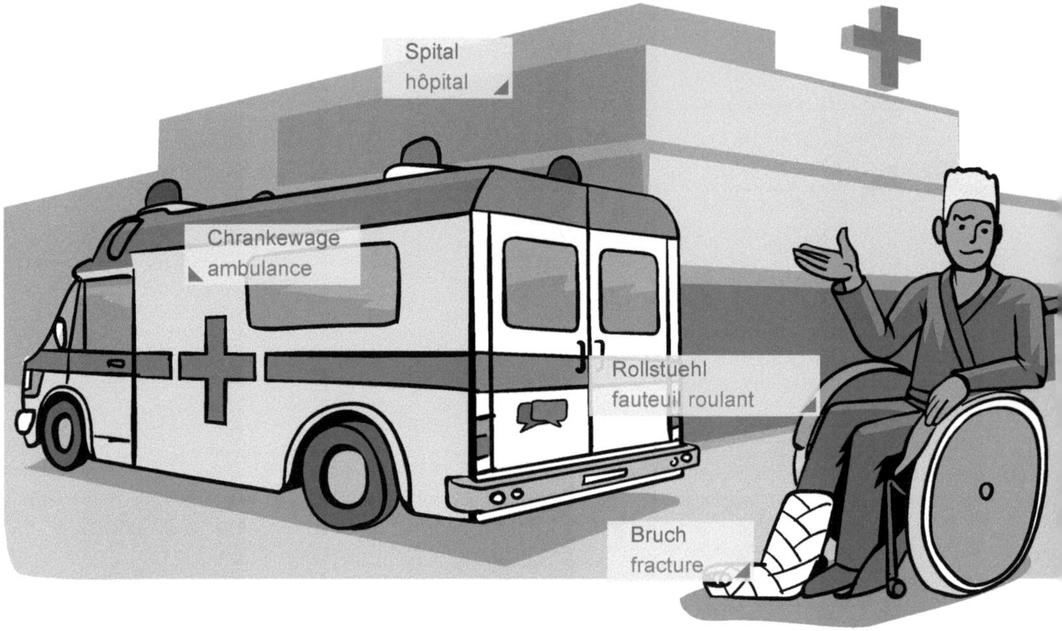

Spital
hôpital
Chrankewage
ambulance
Rollstuehl
fauteuil roulant
Bruch
fracture

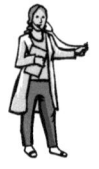

Arzt

médecin

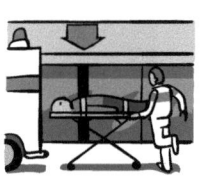

Notufnahm

service des urgences

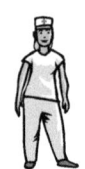

Chrankeschwöschter

infirmière

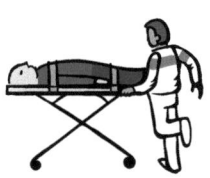

Notfall

urgence

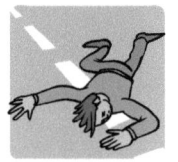

ohnmächtig

inconscient

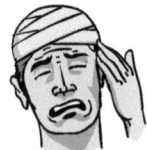

Schmärz

douleur

Verletzig

blessure

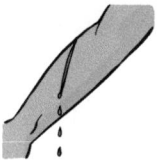

Bluätig

hémorragie

Härzinfarkt

crise cardiaque

Schlagahfall

attaque cérébrale

Allergie

allergie

Hueschtä

toux

Fieber

fièvre

Grippe

grippe

Durchfall

diarrhée

Kopfschmärze

mal de tête

Kräbs

cancer

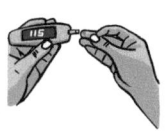

Diabetes

diabète

Chirurg

chirurgien

Skalpell

scalpel

Operation

opération

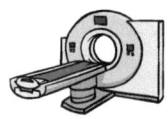

CT

CT

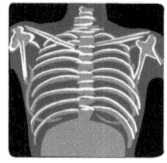

Röntgä

radiographie

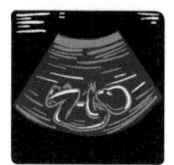

Ultraschall

échographie

Gsichtsmaske

masque

Krankhet

maladie

Wartezimmer

salle d'attente

Krückä

béquille

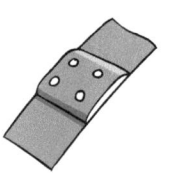

Pflaster

pansement

Vrband

pansement

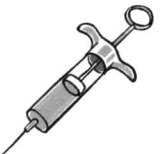

Injektion

injection

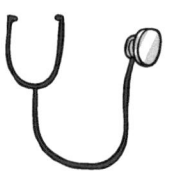

Stethoskop

stéthoscope

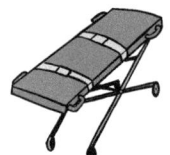

Trage

brancard

Thermometer

thermomètre

Geburt

accouchement

Übergwicht

surcharge pondérale

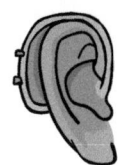

Hörgrät

appareil auditif

Desinfektionsmittel

désinfectant

Infektion

infection

Virus

virus

HIV / AIDS

VIH / sida

Medizin

médicament

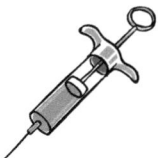

Impfig

vaccination

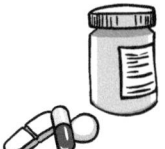

Tablette

comprimés

Pille

pilule

Notruef

appel d'urgence

Bluetdruck-Mässgrät

tensiomètre

chrank / gsund

malade / sain

Hiufe!

Au secours !

 (Alarm)

Alarm

alarme

Überfall

assaut

Ahgriff

attaque

Gfohr

danger

Notuusgang

sortie de secours

Füür!

Au feu!

Füürlöscher

extincteur

Unfall

accident

Ersti-Hilf-Koffer

trousse de premier secours

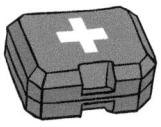

SOS

SOS

Polizei

police

Europa

Europe

Nordamerika

Amérique du Nord

Südamerika

Amérique du Sud

Afrika

Afrique

Asie

Asie

Auschtralie

Australie

Atlantik

Océan atlantique

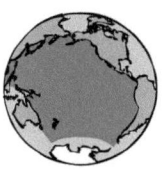

Pazifik

Océan pacifique

Indische Ozean

Océan indien

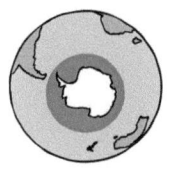

Antarktische Ozean

Océan antarctique

Arktische Ozean

Océan arctique

Nordpol

pôle nord

Südpol

pôle sud

Antarktis

Antarctique

Ärde

terre

Land

pays

Meer

mer

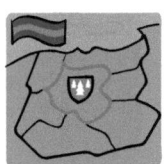

Inslä

île

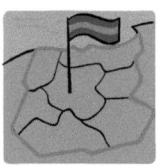

Nation

nation

Staat

état

Ziffereblatt

cadran

Stundezeiger

aiguille des heures

Minutezeiger

aiguille des minutes

Sekundezeiger

aiguille des secondes

Wie spaht isch es?

Quelle heure est-il ?

Tag

jour

Zit

temps

jetzt

maintenant

Digitaluhr

montre digitale

Minute

minute

Stunde

heure

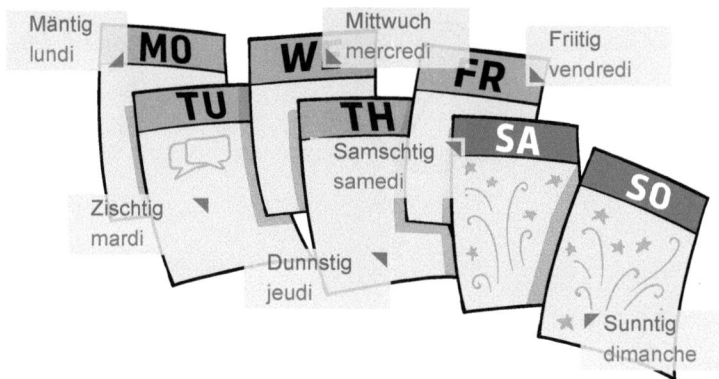

geschter

hier

hüt

aujourd'hui

morn

demain

Morgä

matin

Mittag

midi

Aabig

soir

MO	TU	WE	TH	FR	SA	SU
1	2	3	4	5	6	7
8	9	10	11	12	13	14
15	16	17	18	19	20	21
22	23	24	25	26	27	28
29	30	31	1	2	3	4

Wärktag

jours ouvrables

MO	TU	WE	TH	FR	SA	SU
1	2	3	4	5	6	7
8	9	10	11	12	13	14
15	16	17	18	19	20	21
22	23	24	25	26	27	28
29	30	31	1	2	3	4

Wuchenänd

week-end

Johr
année

Räge
pluie
Rägeboge
arc-en-ciel
Wind
vent
Schnee
neige
Früelig
printemps
Summer
été
Herbscht
automne
Winter
hiver

4.APRIL 11°
5.APRIL 4°
6.APRIL 13°
7.APRIL 8°
8.APRIL 10°

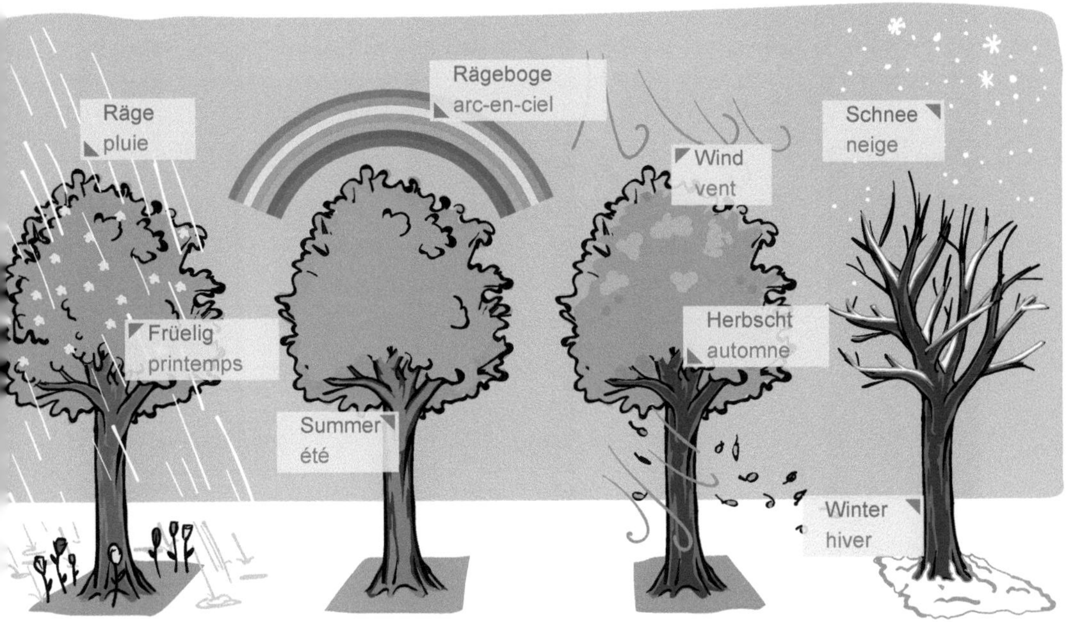

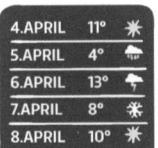

Wättervorhärsag
météo

F C
120 40
90 30
60 20
30 10
0 0
-30 -10
-20

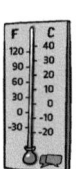

Thermometer
thermomètre

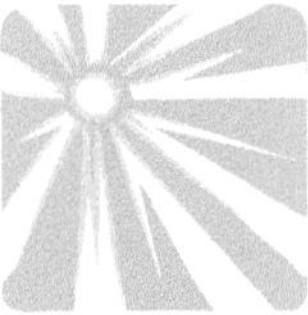

Sunneschiin
lumière du soleil

Wolkä
nuage

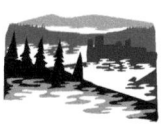

Näbel
brouillard

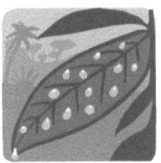

Fiechtigkeit
humidité

Blitz

foudre

Dunner

tonnerre

Sturm

tempête

Hagel

grêle

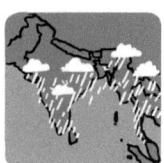

Monsun

mousson

Fluet

inondation

Iis

glace

Januar

janvier

Februar

février

März

mars

April

avril

Mai

mai

Juni

juin

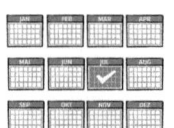

Juli

juillet

Auguscht

août

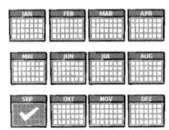

Septämber
....
septembre

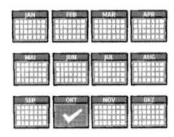

Oktober
....
octobre

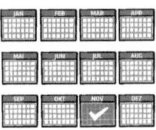

Novämber
....
novembre

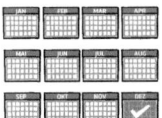

Dezämber
....
décembre

Forme

formes

Kreis
....
cercle

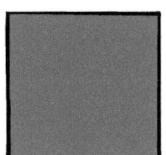

Quadrat
....
carré

Rächteck
....
rectangle

Dreieck
....
triangle

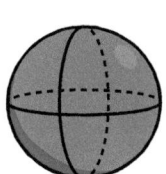

Chugele
....
sphère

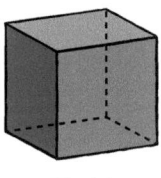

Würfel
....
cube

Farbä
couleurs

wiss

blanc

gäl

jaune

orange

orange

pink

rose

rot

rouge

liila

violet

blau

bleu

grüen

vert

bruun

marron

grau

gris

schwarz

noir

viel / wenig

beaucoup / peu

hässig / ruhig

fâché / calme

hübsch / hässlich

joli / laid

Ahfang / Ändi

début / fin

gross / chli

grand / petit

hell / dunkel

clair / obscure

Brüeder / Schwöschter

frère / soeur

suuber / dräckig

propre / sale

vollständig / unvollständig

complet / incomplet

Tag / Nacht

jour / nuit

tot / läbig

mort / vivant

breit / schmal

large / étroit

ässbar / nid ässbar

comestible / incomestible

bös / fründlich

méchant / gentil

uffreggt / glangwilt

excité / ennuyé

dick / dünn

gros / mince

zerscht / zletscht

premier / dernier

Fründ / Find

ami / ennemi

voll / läär

plein / vide

hart / weich

dur / souple

schwer / liecht

lourd / léger

Hunger / Durscht

faim / soif

chrank / gsund

malade / sain

illegal / legal

illégal / légal

intelligänt / gatz

intelligent / stupide

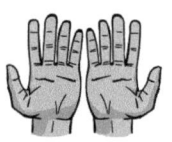

links / rächts

gauche / droite

nöch / wiit weg

proche / loin

neu / bruucht
....
nouveau / usé

nüt / öpis
....
rien / quelque chose

alt / jung
....
vieux / jeune

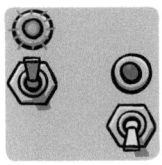

ah / uss
....
marche / arrêt

offe / zue
....
ouvert / fermé

lislig / luut
....
faible / fort

riich / arm
....
riche / pauvre

richtig / falsch
....
correct / incorrect

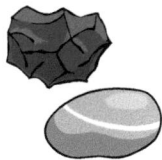

rau / glatt
....
rugueux / lisse

truurig / glücklich
....
triste / heureux

churz / lang
....
court / long

langsam / schnäll
....
lent / rapide

nass / trochä
....
mouillé / sec

warm / chalt
....
chaud / froid

Chrieg / Friede
....
guerre / paix

0

Null

zéro

1

eis

un / une

2

zwei

deux

3

drü

trois

4

vier

quatre

5

foif

cinq

6

sächs

six

7

sibe

sept

8

acht

huit

9

nün

neuf

10

zäh

dix

11

elf

onze

12

zwölf
douze

13

drizäh
treize

14

vierzäh
quatorze

15

füfzäh
quinze

16

sächzäh
seize

17

siebzäh
dix-sept

18

achtzäh
dix-huit

19

nünzäh
dix-neuf

20

zwänzg
vingt

100

Hundert
cent

1.000

Tuusig
mille

1.000.000

Million
million

Änglisch

anglais

Amerikanischs Änglisch

anglais américain

Chinesisch Mandarin

chinois mandarin

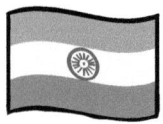

Hindi

hindi

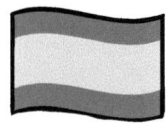

Spanisch

espagnol

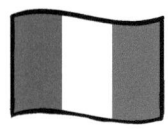

Französisch

français

Arabisch

arabe

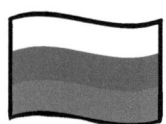

Russisch

russe

Portugiesisch

portugais

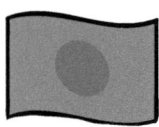

Bengalisch

bengali

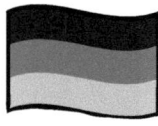

Dütsch

allemand

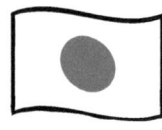

Japanisch

japonais

ich
je

du
tu

är / sie / es
il / elle / ce, c', cela

mir
nous

ihr
vous

sie
ils / elles

wär?
Qui ?

was?
Quoi ?

wie?
Comment ?

wo?
Où ?

wänn?
Quand ?

Name
nom

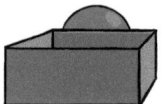

hinder

derrière

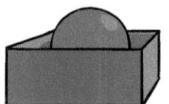

in

dans

vor

devant

über

au-dessus

uf

sur

under

en-dessous

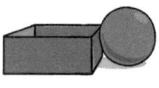

näbe

à côté de

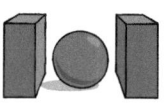

zwüsche

entre

Ort

lieu